COUR DES COMPTES.

AUDIENCE SOLENNELLE DE RENTRÉE

DU 16 OCTOBRE 1886.

PRÉSIDENCE DE M. LE PREMIER PRÉSIDENT BETHMONT.

DISCOURS

DE M. L'AVOCAT GÉNÉRAL BIOLLAY.

DES DIVERSES INSTALLATIONS

DE LA CHAMBRE DES COMPTES DE PARIS ET DE LA COUR DES COMPTES.

PARIS.

IMPRIMERIE NATIONALE.

M DCCC LXXXVI.

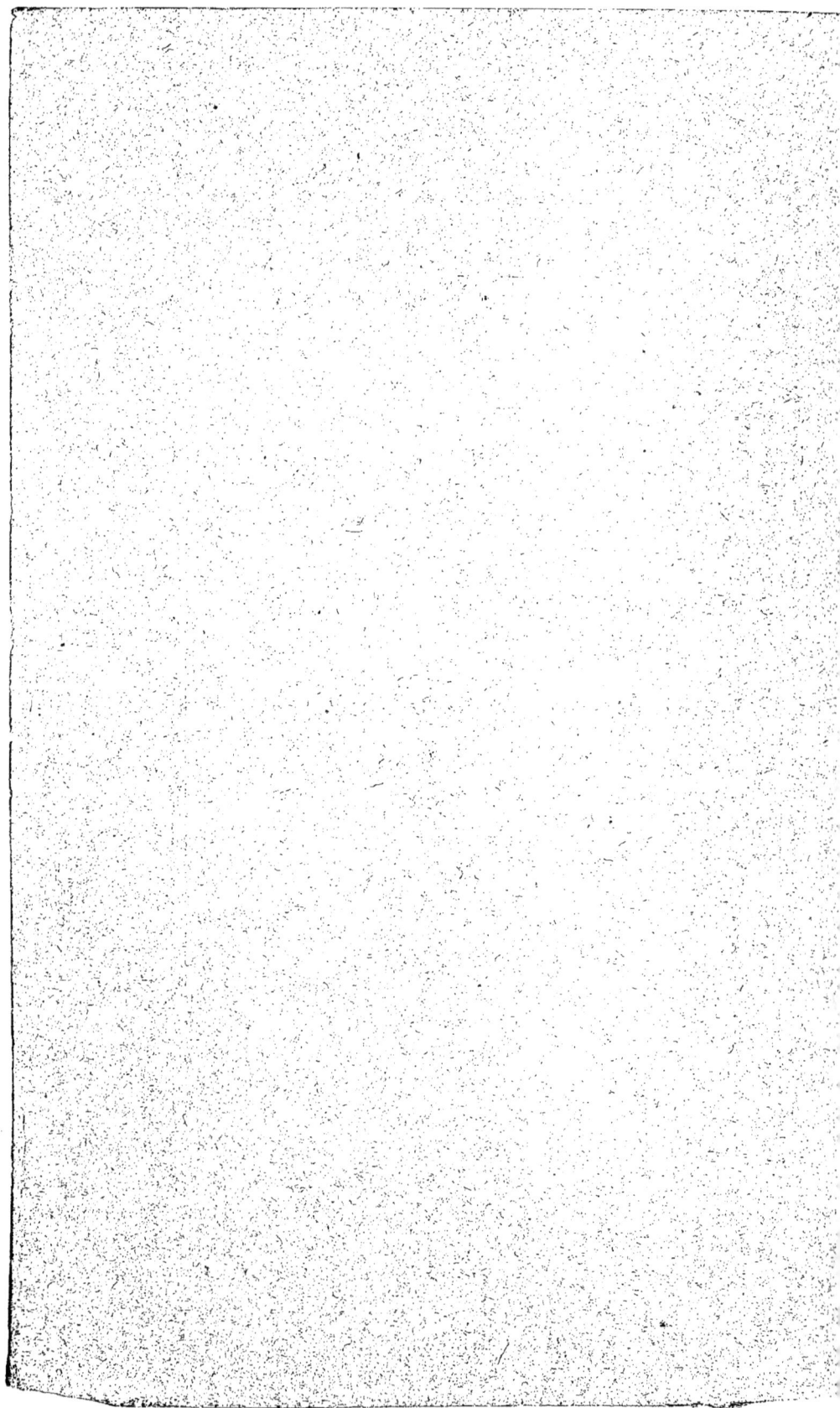

COUR DES COMPTES.

AUDIENCE SOLENNELLE DE RENTRÉE.

16 OCTOBRE 1886.

COUR DES COMPTES.

AUDIENCE SOLENNELLE DE RENTRÉE

DU 16 OCTOBRE 1886.

PRÉSIDENCE DE M. LE PREMIER PRÉSIDENT BETHMONT.

DISCOURS

DE M. L'AVOCAT GÉNÉRAL BIOLLAY.

DES DIVERSES INSTALLATIONS

DE LA CHAMBRE DES COMPTES DE PARIS ET DE LA COUR DES COMPTES

PARIS.

IMPRIMERIE NATIONALE.

M DCCC LXXXVI.

COUR DES COMPTES.

AUDIENCE SOLENNELLE DE RENTRÉE

DU 16 OCTOBRE 1886.

PRÉSIDENCE DE M. LE PREMIER PRÉSIDENT BETHMONT.

DISCOURS

DE M. L'AVOCAT GÉNÉRAL BIOLLAY.

La Cour des comptes s'est réunie le samedi 16 octobre 1886, à une heure, dans sa grand'-chambre, au Palais-Royal, sous la présidence de M. le Premier Président Bethmont, pour tenir son audience solennelle de rentrée.

Après lecture, par le greffier en chef, de l'état des travaux de la Cour pendant les mois de juillet, août, septembre et octobre, M. le Premier Président donne la parole à M. le Procureur général Audibert. M. l'Avocat général Biollay, désigné par M. le Procureur général, prononce le discours suivant sur les « diverses installations de la Chambre des comptes de Paris et de la Cour des comptes » :

Monsieur le Premier Président,
Messieurs,

Le 5 novembre 1807, le duc de Plaisance, prince architrésorier de l'Empire, procédait avec solennité à l'installation de la Cour des comptes, instituée par décret du 16 septembre précédent. A quelques jours près, l'audience de rentrée que nous tenons aujourd'hui inaugure donc la quatre-vingtième année d'existence de cette haute magistrature, qui a succédé aux Chambres des comptes de l'ancienne monarchie, dont la création remontait à plus de cinq siècles.

L'historique de ces Chambres et de la Cour elle-même a fait l'objet de plusieurs études curieuses et savantes, au premier rang desquelles se place le discours si intéressant prononcé en 1873 par notre ancien Procureur général, M. Petitjean; notre intention ne saurait être de l'entreprendre de nouveau. Mais, sans embrasser l'ensemble du sujet, on peut du moins tenter de l'aborder par un de ses côtés secondaires. Et, au moment où la Cour attend une installation nouvelle, désirée depuis si longtemps, il nous a semblé qu'il ne serait pas sans intérêt de rechercher quelles ont été, dans le passé, les installations diverses de notre Cour des comptes, et celles de sa devancière, la Chambre des comptes de Paris.

Cette pensée nous est venue en songeant à ceux de nos collègues qui nous ont quittés dans le cours de l'année, et à qui nous avions des adieux à adresser. Plusieurs d'entre eux ont siégé successivement au Palais de justice, première résidence de la Cour des comptes, puis au palais d'Orsay, et enfin ici même, au Palais-Royal. Nous cherchions ainsi à les voir revivre dans les milieux où ils avaient vécu.

Sans doute, nous aurions pu nous borner à décrire les trois installions de la Cour depuis sa création; mais, ayant à parler d'abord du Palais de justice, berceau et séjour de l'ancienne Chambre des comptes, nous n'avons pu résister à la tentation de remonter plus haut dans le passé, et de ramener un moment votre pensée sur ces monuments disparus où siégèrent nos illustres prédécesseurs : Henry de Sully, Olivier de Longueil, Pierre d'Oriolle, Michel de l'Hospital, Estienne Pasquier, les Nicolaï, et tant d'autres magistrats éminents dont les noms respectés honorent nos annales.

Nous tenons tout d'abord à déclarer les nombreux emprunts que nous avons faits, pour notre étude, à divers documents, entre autres, au savant ouvrage sur la *Chambre des comptes* de M. le comte Coustant d'Yanville, dont le père a longtemps appartenu à la Cour; à l'*Itinéraire archéologique* de notre regretté collègue le baron de Guilhermy, et aussi à la belle et artistique publication de *Paris à travers les âges*.

L'origine de la Chambre des comptes, vous le savez, Messieurs, est fort ancienne; son histoire sous les premiers règnes est assez obscure; elle n'avait pas, dans le principe, de vie distincte ni de siège propre. Le pouvoir financier résidait, alors, comme tous les autres pouvoirs, dans le Conseil du roi, composé plus particulièrement d'officiers attachés à la personne du Souverain et qui, ainsi que les archives de la couronne, le suivaient dans tous ses déplacements. Ce sont vraisemblablement ces voyages qui ont dû motiver, à une certaine époque, les allocations de chevaux, palefrois et bêtes de somme qu'un ancien édit attribuait aux maîtres et clercs des comptes.

Mais ces transports fréquents exposaient les archives à des pertes regrettables. Aussi, en 1194, à la suite d'un désastre dans le Dunois, Philippe-Auguste, ayant perdu tous ses bagages, se décida-t-il, après avoir fait reconstituer les registres de son domaine, à les placer dans un dépôt spécial, à la Tournelle, près du palais qu'il habitait, et où ces documents demeurèrent probablement jusqu'à leur transfèrement, par saint Louis, au-dessus du Trésor de la Sainte-Chapelle.

Peut-être faut-il attribuer à cet établissement des archives dans un endroit sûr, une plus grande régularité ou fixité des séances du Conseil du roi, qui était à la fois Conseil politique, Cour de justice et Chambre des comptes. Deux ordonnances de saint Louis semblent, en effet, constater l'existence de cette Chambre des comptes comme étant une partie intégrante du Conseil du roi : l'une de 1256, qui « prescrit aux maïeurs et prud'hommes de venir compter devant les gens des comptes de Paris »; l'autre, de 1261, qui « veut que les maïeurs et un ou deux des quatre prud'hommes qui ont administré les biens des villages viennent rendre compte de leurs recettes à la Chambre des comptes ». Cette

Chambre des comptes, d'après une autre ordonnance, de 1269, « était pour lors au Temple ». Jean
de Saint-Just, maître des comptes sous Philippe de
Valois, confirme le fait de cette première résidence
fixe dans Paris. Mais, d'après Pasquier, la Chambre
des comptes ne serait devenue réellement sédentaire
que sous le règne de Philippe le Bel. Quoi qu'il
en soit, on peut conclure, avec Le Chanteur, ancien conseiller auditeur des comptes sous Louis XV,
que « l'époque de la résidence à Paris de la Chambre
des comptes, établie pour le fait des finances, de
même que le Parlement l'avait été pour le fait de
justice, n'est pas celle de sa création, et qu'elle n'a
fait que continuer dans la capitale les fonctions
qu'elle exerçait auparavant à la suite du roi ».

Sous le règne de Philippe le Bel, on voit la Cour
du roi se diviser définitivement en trois conseils dis-
tincts : le Grand Conseil, ou conseil politique, le
Parlement et la Chambre des comptes. « Ces deux
dernières compaignies, dit encore Pasquier, tout
ainsi qu'elles avaient été tirées d'un même corps,
quand elles séjournaient près de nos Roys, aussi
furent-elles logées dans un même pourpris, le Palais
Royal de Paris. »

Ce palais, habité par le roi, était celui de la Cité, qu'on appelait alors le *nouveau palais*, pour le distinguer du palais des Termes ou *vieux palais*, ancienne résidence des derniers empereurs romains et de nos premiers rois.

Saint Louis, qui aimait à y séjourner, l'avait considérablement agrandi et embelli. Philippe le Bel continua son œuvre. Vers la fin du xiiie siècle il y fit entreprendre, par les soins d'Enguerrand de Marigny, des constructions considérables qui ne furent terminées qu'en 1313, et dans lesquelles non seulement le Parlement, mais la Chambre des comptes furent définitivement installés.

A partir de ce moment, on peut considérer la Chambre des comptes comme étant tout à fait sédentaire.

Elle commence à siéger toute l'année, et son fonctionnement régulier se trouve attesté par une nouvelle ordonnance, du 23 mars 1302, « obligeant les sénéchaux et les baillis à venir rendre compte de leurs gestions aux maîtres de cette chambre ».

Ces prescriptions durent amener insensiblement une grande affluence de comptes à la Chambre; et plus tard, sous Charles VIII, les services s'y trouvant

3

à l'étroit, « Messieurs du grand bureau des comptes
et Messieurs les correcteurs firent faire un corps
d'ostel nouveau; et, grâce à leur bon contrôle sur
les ouvriers, on mit tant de diligence au travail,
qu'il fut achevé en moins d'un an et demi entier.
Commencé en 1485, il était terminé en 1486. Cet
ostel était assis entre la Chambre des comptes et la
maison du Roi, sur le chemin par où on va en l'isle
du Palais ».

Mais les constructions les plus importantes de la
Chambre des comptes, celles où elle tint ses séances
jusqu'à l'incendie de 1737, datent de Louis XII.
Elles furent exécutées de 1504 à 1508, sous la direction du moine italien fra Giovanni Giocondo.
Attenant à celles de Charles VIII, elles consistaient
en trois nouveaux corps de logis, situés au fond de
la cour de la Sainte-Chapelle; le corps principal
tenait tout un côté de cette cour, un autre longeait
la rue de Nazareth, et le reste de l'édifice était en-
gagé dans les bâtiments et les cours du Palais.

Dans la rue de la Barillerie, voie étroite, obscure
et tortueuse, se trouvaient deux portes ogivales à
tourelles et pont-levis, qui donnaient accès dans le
Palais : l'une sur la cour du Mai, l'autre vis-à-vis

la rue de la Calandre, sur la cour de la Sainte-
Chapelle. Cette dernière porte servait d'entrée principale pour la Chambre des comptes, à laquelle on
pouvait encore se rendre par les rues de Jérusalem
et de Nazareth; plus tard, sous Louis·XIII, on y
arrivait également par la rue et la porte Sainte-
Anne.

Après avoir traversé la porte de la rue de la
Barillerie, on voyait, à gauche, la chapelle Saint-
Michel-de-la-Place, faisant face au bâtiment de la
Chambre. A droite on rencontrait l'escalier extérieur
de la Sainte-Chapelle, supprimé depuis longtemps,
« ce joli degré à rampe droite, douce et voûtée, qui
longeait le flanc sud de la chapelle royale ».

Enfin, derrière cet escalier et au fond de la cour,
étaient situés les grands degrés de la Chambre des
comptes, qui conduisaient directement au premier
étage, dans les salles des séances. Cet escalier était
précédé d'un porche élégant, couvert d'une voûte,
éclairé par de larges arceaux et muni d'une rampe
finement sculptée. Cinq statues de grandeur natu-
relle, celle de Louis XII au milieu des quatre
Vertus cardinales, étaient placées dans des niches,
entre les fenêtres du premier étage.

3.

La façade principale du bâtiment, avec ses ogives, ses tourelles en encorbellement, ses grands combles d'ardoises à hautes lucarnes, ses panneaux et ses tympans décorés d'armoiries et d'emblêmes, ses sculptures et ses ornements, étaient le plus précieux spécimen de l'art qui fondit ensemble le style gothique et le style de la Renaissance.

Mais qu'on ne nous prête pas, Messieurs, en faisant cette description, purement historique et archéologique, la pensée de rêver pour nous aujourd'hui un semblable palais. Nos désirs sont plus modestes, et nous saurions nous contenter d'une installation qui serait simplement appropriée aux exigences de nos services et à la sûreté de nos précieuses archives.

Les archives de la Chambre des comptes étaient déposées alors dans un bâtiment d'un style plus sévère que celui du palais de Louis XII, et qui était situé de l'autre côté de la rue de Nazareth ; il occupait toute la partie gauche de la rue de Jérusalem jusqu'à la Seine. Sous le règne de Henri II, un arceau, dont la voûte et les archivoltes reposaient sur huit consoles richement travaillées, fut construit au-dessus de la rue de Nazareth, pour établir une communication directe entre la Chambre et ses archives.

Les titres et documents dont le dépôt était alors confié à la Chambre des comptes avaient une telle importance, que les rois se rendaient souvent en personne à la Chambre, pour y examiner eux-mêmes les registres et états du domaine, afin « d'obvier aux inconvénients qui pourraient s'ensuivre de la révélation et portation d'iceux ». Aussi, à leur entrée en fonctions, les correcteurs et les auditeurs des comptes devaient-ils prêter le serment de « rétablir dans les chambres et armoires où ils les avaient prises les pièces dont ils avaient eu besoin ».

Si maintenant nous pénétrons dans l'intérieur de l'édifice de la Chambre des comptes, nous voyons quelle devait être l'importance de son organisation matérielle, en raison de l'étendue de ses attributions.

La Chambre se divisait d'abord en deux bureaux : le grand bureau, et le second ou petit bureau. Il y avait la chambre de la Commission, située sous le greffe, et celle du Conseil lez la Chambre des comptes. Il y avait aussi la chambre des Fiefs, et celle du Terrier. Les correcteurs formaient une chambre unique ; les auditeurs en avaient six, appelées, d'après leurs attributions : Trésor, Languedoc, Anjou, Champagne, France et les Monnoyes. Une septième chambre d'auditeurs, celle de Normandie, fut supprimée lors de la création de la chambre des comptes de Normandie, en 1580.

Il y avait encore le parquet des gens du roi, les greffes, la salle des procureurs et celle des huissiers; la chambre des gardes des livres, celle du reliage des comptes, et aussi la chambre des buvettes. Enfin, les bâtiments comprenaient les emplacements nécessaires pour les autres services de la Chambre, tels que les bureaux du trésorier-payeur des épices et receveur des amendes, du contrôleur général des restes, du receveur et payeur des gages, et ceux des clercs et petits clercs.

Les auditeurs faisaient leur travail dans les salles basses du rez-de-chaussée; aussi les appelait-on, dans le principe, compagnons d'aval, ou clercs d'en bas, pour les distinguer des maîtres clercs qui siégeaient en haut où se trouvaient les bureaux.

L'entrée de la Chambre des comptes était sévèrement interdite. Une ordonnance de 1388, datée de Gisors, concernant l'organisation de la Chambre, nous fournit quelques curieuses indications à ce sujet :

« L'huissier devait être continuellement, pour la garde de l'huis de ladite chambre, entre deux huis ; et, par guichet qui est au premier huis, parler à ceux qui voudront entrer, rapporter ce qu'ils désirent à qui de droit, et ne laisser aucune personne entre les deux huis. Les jours de plaidoiries et requêtes, il ne devait laisser entrer que toutes manières de gens qui avaient affaires, mais seulement à l'heure desdites plaidoiries. Les autres jours ne pouvaient entrer que ceux qui avaient à besogner en leursdits comptes, ou autres gens du Conseil du roi, sous la licence des maîtres de la Chambre. »

Il existait également des défenses expresses de jouer sur les degrés de la Chambre, sous peine de prison et de punition corporelle. L'assemblée des mercuriales, où s'exerçait l'action disciplinaire de la Chambre, rendit en cette matière une décision très sévère que rapporte M. Coustant d'Yanville : « Le 2 août 1599, un huissier de service vint se plaindre des laquais de deux maîtres qu'il avait voulu empêcher de jouer au dez sur la montée de la Chambre, et qui s'étaient jetés sur lui, lui avaient déchiré son manteau et l'auraient battu, à coups de bâton, sans la présence d'un maître. La Chambre ordonna de

constituer les deux laquais prisonniers en la concier-
gerie du Palais; et, sur les remontrances d'un des
maîtres de ces laquais, ceux-ci, après avoir jeûné
trois jours au pain et à l'eau dans les cachots, lui
furent rendus pour les faire fouetter dans sa maison,
par forme de châtiment, en présence de deux huissiers de la Chambre, sans encourir aucune note d'in-
famie ».

L'ordonnance de Gisors, dont nous avons déjà parlé,
prescrivait encore aux clercs, « pour l'honneur du Roi
et de la Chambre, d'être soigneux et diligents d'aller,
en ladite Chambre et partout, vêtus bien et dili-
gemment d'habits et chapeaux honnêtes, sous peine
de privation de leurs offices ». C'est, sans doute, en
exécution d'une autre ordonnance que les clercs por-
taient anciennement de grands ciseaux pendus à leur
ceinture, pour marquer le pouvoir qu'ils avaient de
rogner ou de retrancher les mauvais emplois dans
les comptes qu'on leur présentait.

Les clercs de la Chambre des comptes compo-
saient la corporation dite de l'*Empire de Galilée*, voi-
sine et rivale de celle des clers de la Basoche; elles
se groupaient toutes les deux dans le même enclos
du Palais, et avaient pour objet de régler les diffé-

rends que les clercs pouvaient avoir entre eux. Cha-
cune d'elles avait sa fête distincte : celle du Mai pour
les clercs de la Basoche, et celle des Rois pour les
clercs des comptes ou Empiriens. La veille, ils dis-
tribuaient des gâteaux des rois aux présidents et aux
maîtres des comptes, en leur donnant l'aubade ; et,
le jour même, ils tenaient leurs états et donnaient
leurs jeux. Les dépenses dépassaient généralement
leurs ressources ; mais le plus souvent le Roi et la
Chambre des comptes leur venaient en aide en pre-
nant à leur charge les frais de la fête.

Clément Marot, dans sa jeunesse, a célébré les jeux
de cette corporation dans une de ses charmantes
ballades. Son contemporain Rabelais nous parle
aussi de la Chambre des comptes. Car c'est évidem-
ment par les grands degrés de l'escalier de Louis XII
que le célèbre écrivain introduisit dans la Chambre
son Pantagruel, si peu respectueux pour Messieurs
des comptes et Messieurs les gens de justice, mais
qui « feut en grande admiration de la structure de
la demeure et habitation des gens du pays, car ils
demourent en ung grand pressouer, auquel on monte
près de cinquante degrez, et avant que d'entrer au
maître pressouer, vous passez par un grand péritile ».

4

Vous excuserez, Messieurs, ces disgressions qui ne se rattachent, sans doute, que bien faiblement à notre sujet. Nous y revenons pour mentionner un désastre : l'incendie de 1737 qui détruisit toutes les belles constructions de Louis XII.

Il se déclara dans la nuit du 27 octobre. La cause n'en étant pas connue, on l'attribua à la malveillance, et l'on accusa même les jansénistes, dans la personne de l'un deux, Armand Arouet, frère de Voltaire, qui habitait le palais, comme successeur de son père, trésorier de la Chambre. Ce qui paraît probable, c'est que le feu aurait été communiqué par une cheminée de l'hôtel du premier président du Parlement, adossé à la Chambre des comptes. Un vent violent attisait cet incendie, qui dura deux jours, malgré les secours apportés par les gardes françaises, les suisses et les religieux mendiants. Trois greffes, deux dépôts des auditeurs, la chambre du Terrier, celle du Conseil et celle des Procureurs furent détruits.

On dut malheureusement abandonner les bâtiments de Louis XII pour protéger les autres parties du Palais et sauver, autant que possible, les titres et dossiers déposés à la Chambre des comptes. Les

uns furent transportés à l'hôtel du premier président de Nicolaï, place Royale; les autres portés,
soit au couvent des Jacobins de la rue Saint-Jac-
ques, soit au couvent des Grands-Augustins.

C'est aux Grands-Augustins même que, suivant
déclaration royale du 18 février 1738, la Chambre
des comptes alla tenir ses séances pendant la recon-
struction de son hôtel, qui dura près de deux ans
et demi. La flamme avait tellement rongé les an-
ciennes murailles qu'il fut impossible de les utiliser;
il fallut les démolir.

Gabriel, architecte du roi, fut chargé de la direction des nouveaux travaux. On lui a reproché de
n'avoir pas reproduit le style si gracieux de l'ancien
édifice; il sut du moins élever un bâtiment dont
l'architecture, d'un caractère noble et sévère, était
parfaitement appropriée à sa destination. Le 3 mai
1740, la Chambre des comptes put prendre posses-
sion de son nouveau palais.

Ces constructions laissèrent bientôt à désirer sous
le rapport de la solidité; dès l'année 1747, on était
obligé de les reprendre en sous-œuvre, et l'on re-
média au mal en établissant de fortes voûtes dans
les salles du rez-de-chaussée, destinées aux dépôts.

4.

Ces salles devinrent bientôt insuffisantes, car, sous Louis XVI, nous voyons que les comptes remplissaient quatre autres grands dépôts : le Louvre, Sainte-Croix-de-la-Bretonnerie, la maison Sérilly et celle du greffier du conseil et du bureau des finances. Cependant, afin de diminuer l'encombrement, des lettres patentes de 1776 avaient ordonné que des commissaires, choisis parmi les membres de la Chambre, fussent chargés de faire le retranchement des pièces qu'il serait inutile de conserver.

Lorsque éclata la Révolution, la Chambre des comptes siégeait encore dans l'édifice reconstruit en 1740. Supprimée en 1791, ainsi que les douze autres chambres du Royaume, elle tint sa dernière séance le 19 septembre.

Pour remplacer ces Chambres des comptes, il fut institué un Bureau de comptabilité nationale, transformé, sous le Consulat, en Commission de comptabilité. Ce bureau et la commission qui lui succéda ont fonctionné dans la demeure même de l'ex-Chambre des comptes jusqu'au jour où la Cour des comptes fut installée, à son tour, « au lieu où siégait la Comptabilité », comme le prescrivait l'article 1ᵉʳ du décret organique du 28 septembre 1807.

Depuis la Révolution, les archives de la Comptabilité nationale, puis celles de la Cour des comptes
avaient été déposées dans l'église du couvent des
Barnabites (ancien monastère Saint-Éloi), situé dans
la Cité, vis-à-vis le Palais, entre les rues de la Calandre et de la Vieille-Draperie.

La Cour des comptes, qui n'avait pas interrompu
ses séances pendant les premiers mois du gouvernement de la Restauration, reçut une nouvelle in-
vestiture par l'ordonnance du 27 février 1815, qui
déclara la Cour en vacances jusqu'au moment de sa
réinstallation.

Il y fut procédé le 4 mai suivant, par Dambray,
chancelier de France, qui rappela, dans son discours,
que le Roi, « aimant à conserver tout ce qui s'était
fait d'utile en son absence, comme à récompenser
toutes les actions louables qui avaient eu l'intérêt de
l'État pour but, se félicitait de n'avoir aucun chan-
gement à faire dans une Cour constamment étran-
gère à toutes nos convulsions politiques, et qui, se
concentrant dans les bornes de ses attributions,
n'avait jamais songé qu'à remplir tous ses devoirs ».

La Cour, fidèle à cette ligne de conduite, à laquelle

on rendait si justement hommage, et dont elle ne
s'est jamais départie, reprit ses travaux et les pour-
suivit, toujours dans l'ancien palais de la Chambre
des comptes. Cependant un moment vint, sous le
règne de Louis-Philippe, où les services de la Cour,
ainsi que ceux de la Justice et de la Préfecture de
police, qui étaient installés auprès d'elle, réclamè-
rent, de part et d'autre, une plus vaste installation.
On disposa alors de notre monument, tant pour les
agrandissements du Palais que pour l'habitation du
Préfet de police, qui était délogé de l'ancien hôtel
du président du Parlement. Quant à la Cour des
comptes, on lui affecta le palais du quai d'Orsay.

Ce palais, commencé en 1810, était primitive-
ment destiné au ministère des affaires étrangères;
mais on renonça à ce projet en 1821, et les travaux,
longtemps interrompus, ne furent repris qu'en 1833,
dans le but d'y établir le ministère du commerce et
des travaux publics, ainsi que l'École des mines et
celle des ponts et chaussées. Enfin, l'ordonnance
royale du 28 février 1842 décida qu'à partir du
15 avril suivant, la Cour des comptes tiendrait ses
séances au palais du quai d'Orsay.

Son installation solennelle eut lieu le 18 du

même mois, sous la présidence de M. Barthe, premier président, M. de Schonen étant procureur
général. Elle avait ainsi fonctionné pendant plus de
trente quatre ans au Palais de justice.

La Cour partageait son nouveau palais avec le
Conseil d'État, qui occupait le rez-de-chaussée ainsi
qu'une partie des entre-sols. Les archives de la Cour
la suivirent et furent classées dans diverses galeries,
jusqu'au jour où, en raison de leur importance, il
fut indispensable de leur élever un dépôt spécial,
qui était situé à proximité, vis-à-vis le palais de la
Légion d'honneur.

Permettez-moi, Messieurs, sans entrer dans de
longs détails, de vous rappeler notre installation du
palais d'Orsay, que baucoup d'entre vous ont longtemps habité. Vous vous souvenez de cet escalier
d'honneur que décoraient les fresques de Chassériau.
On avait encastré dans la muraille du premier palier
une pierre de l'ancien palais, constatant la date des
constructions faites par Charles VIII, sous la sur-
veillance des correcteurs des comptes, maîtres Pierre
Jouvelin et Nicolas Viole.

Ce grand escalier aboutissait, au premier étage,
dans un vaste vestibule. Ensuite venaient deux salles

des Pas-Perdus, ornées de panneaux peints par Gen-
dron et par Jean Gigoux. Ces salles recevaient le
jour d'en haut, pour le transmettre au Conseil d'État
par de larges baies entourées de balustrades; elles
donnaient accès à la Grand'Chambre et aux trois
Chambres. On remarquait dans la Grand'Chambre
de belles compositions décoratives retraçant les plus
importants et les plus glorieux souvenirs de notre
institution. La bibliothèque, qui servait en même
temps de lieu de réunion pour les séances de la
Chambre du conseil, était remplie de manuscrits et
de documents précieux, provenant de l'ancienne
Chambre des comptes. Une galerie boisée, longeant
la rue de Lille, établissait une communication entre
les différentes parties du palais, au premier étage,
où se trouvaient les cabinets des conseillers maîtres
et les différents services du secrétariat, du greffe et
des archives. Les étages supérieurs étaient réservés
aux cabinets des conseillers référendaires et des
auditeurs.

Aujourd'hui le palais d'Orsay n'est plus qu'une
vaste ruine. Au milieu de ces murailles rougies par
les flammes du pétrole, la nature a fait germer et
prospérer des graines apportées par le vent. La ver-

dure envahit ces tristes décombres; des plantes, des
arbustes, des arbres même y constituent actuelle-
ment une sorte de forêt vierge qui s'élève au centre
de Paris.

Nous ne pouvons, Messieurs, en voyant cet étrange
et navrant spectacle, nous empêcher de regretter
notre installation d'autrefois, qui favorisait une in-
timité dont nous goûtions tous le charme et qui était
si profitable à nos travaux. On se retrouvait chaque
jour, partageant la tâche commune; l'ancien, au
besoin, aidait de ses conseils le nouveau venu, et le
travail y gagnait sous tous les rapports. Rappelez-
vous aussi, Messieurs, cet ancien et bon usage, qui
ne peut plus se pratiquer aujourd'hui : après chaque
réception de magistrat, le nouveau membre, escorté
de ses deux parrains, était présenté à tous ses collègues, dans leurs cabinets mêmes; la connaissance,
sous cet aimable patronage, était bien vite faite; on
se tendait la main, et le nouveau collègue était tout
de suite de la famille.

L'incendie du 23 mai 1871, en nous chassant de
notre demeure, en nous dispersant tous, aurait pu
porter une atteinte plus grave à cette précieuse con-
fraternité journalière, sans les liens d'affectueuse

estime qui unissent entre eux tous les membres de
notre Compagnie.

Les services de la Cour des comptes ne pouvaient
rester longtemps suspendus après le malheur qui
venait de la frapper, au milieu du désastre général.
Le Gouvernement lui chercha bientôt une nouvelle
résidence. Un arrêté du Président du Conseil, Chef
du pouvoir exécutif de la République française, daté
du 9 août 1871, décida qu'à partir du lendemain
même, et jusqu'à ce qu'il en fût autrement ordonné,
la Cour tiendrait ses séances au Palais-Royal, dans
l'aile Montpensier.

Bien que vous ayez repris vos travaux aussitôt
après la promulgation de cet arrêté, et renoncé,
pour l'année 1871, aux vacances qui vous étaient
habituellement accordées, afin de hâter la recon-
stitution des éléments les plus urgents de votre
contrôle, votre installation solennelle dans cette
nouvelle résidence n'eut lieu que le 3 novembre
suivant.

Je n'ai que peu de chose à dire, Messieurs, de
notre installation provisoire au Palais-Royal; comme
moi, vous en savez tous les inconvénients et vous en
connaissez tous les dangers.

Les quelques salles de ce palais qui nous ont été affectées sont insuffisantes pour la tenue des séances des trois Chambres, de la Chambre du conseil et de nos audiences solennelles. L'absence de cabinets de travail pour les magistrats nécessite un déplacement continuel de comptes, de pièces et de documents, qui n'existent, pour la plupart, qu'en minutes et dont la perte serait irréparable. Les bureaux des secrétariats et des divers services du greffe sont dispersés et trop à l'étroit. Enfin, pour nos archives, la place fait aujourd'hui complètement défaut, les classements y sont de plus en plus difficiles et les recherches y deviennent presque impossibles.

Dès 1873, l'Assemblée nationale s'était préoccupée de nous réinstaller. La loi du 18 juin 1875 nous a affecté le pavillon de Marsan, afin de nous rapprocher du ministère des finances, avec lequel nous avons de fréquents rapports, et des travaux importants ont même été entrepris pour approprier ce pavillon à notre usage. Il avait été question aussi de nous restituer notre ancienne demeure du palais d'Orsay, qui n'a pas encore reçu de destination, et dont l'emplacement contiendrait si facilement nos différents services et nos archives. Quoi qu'il en soit, nous ne

pouvons que faire des vœux pour que notre installation
provisoire d'aujourd'hui soit remplacée bientôt par
une installation définitive, digne de notre Compagnie
et du rôle qui lui est attribué.

Avant de terminer, il nous reste à vous entretenir,
Messieurs, de ceux de nos collègues qui siégeaient
encore parmi nous l'an passé, et dont nous avons à
regretter l'éloignement ou la perte.

Trois d'entre eux, devançant le jour de la retraite,
ont désiré prendre un repos qu'ils avaient bien mérité par de longs et signalés services ; un autre a été
atteint par la loi de la limite d'âge ; un autre encore
a été forcé, en pleine jeunesse, de cesser ses fonctions. Notre Compagnie, enfin, a été cruellement
éprouvée cette année : la mort a frappé huit magistrats en exercice ou membres honoraires.

Dans son discours de rentrée de 1840, un de nos
anciens procureurs généraux, M. de Schonen, disait,
en parlant de la famille de Nicolaï, qui, de 1506 à
1791, avait donné dix premiers présidents à la
Chambre des comptes, dont neuf de père en fils, que
le maintien de cette haute dignité dans la même maison était un « exemple continu de cet appui que les

vertus des pères peuvent prêter à toute une descen-
dance ».

Ne nous est-il pas permis, Messieurs, d'en dire
autant aujourd'hui de la famille Jard-Panvillier, dont
quatre générations ont appartenu à la Cour, depuis
sa création, et lui ont donné deux présidents, un
conseiller maître, et le collègue qui a récemment
pris place dans nos rangs ? Mais, si dans cette nouvelle occurrence les vertus des pères ont pu prêter
aux fils un appui moral et légitime, on ne saurait
certes attribuer à la faveur la nomination ou les
promotions de ces dignes et honorables magistrats,
faites sous les régimes divers qui se sont succédé depuis notre origine. Le mérite personnel, un travail
consciencieux et assidu, des services exceptionnels
ont justifié les grades acquis par chacun d'eux.

Vous pouvez juger, Messieurs, de la valeur de
ces services par l'énumération que nous allons en
faire.

Le président Louis-Alexandre Jard-Panvillier, le
premier du nom, avant de faire partie de la Cour des
comptes, en 1807, avait rempli depuis 1789 de
nombreuses fonctions électives, administratives et
politiques. Docteur en médecine à Niort, il avait été

élu maire de la ville, puis nommé procureur général du département des Deux-Sèvres. Désigné plusieurs fois par ses concitoyens comme électeur pour la nomination des députés aux États généraux ou à l'Assemblée législative, il fut député lui-même à ladite Assemblée en 1791, à la Convention nationale en 1792, au Corps législatif de l'an IV et au Conseil des Cinq-Cents en l'an V. Dans l'intervalle, il avait été chargé d'importantes missions, en qualité de représentant du peuple, près des armées ou pour l'organisation de l'instruction publique.

Plusieurs fois élu membre du Tribunat, il en fut président et dans les dernières années questeur, jusqu'à la suppression de ce corps, dont on lui confia le soin de liquider la comptabilité.

Ces nombreux et importants services justifiaient assurément sa nomination à la présidence d'une des chambres de la Cour, lors de sa création.

L'empereur, disait l'architrésorier dans son discours d'installation, « a marqué les éléments dont elle devait être composée ; il y appelle des hommes tous signalés par l'estime publique, tous distingués par des talents et des connaissances diverses ; les uns accoutumés à concourir à la formation des lois,

les autres à les exécuter, tous marqués par ce caractère de sagesse, par cet esprit d'ordre qui constituent
les véritables juges de la comptabilité ».

C'était bien, en effet, parmi de tels hommes que
M. Jard-Panvillier avait sa place naturellement indi-
quée, et vous avez entendu dire, Messieurs, avec
quelle haute autorité il a occupé jusqu'à sa mort,
survenue en 1822, le fauteuil de la présidence à la
Cour des comptes, tout en remplissant le mandat de
député des Deux-Sèvres, que la confiance continue
de ses concitoyens lui avait renouvelé depuis 1815.

Son fils, Charles-Marcellin Jard-Panvillier, avocat
à la cour d'appel de Paris, avait été nommé auditeur
au Conseil d'État en 1810, et chargé de nombreuses
missions en province et dans les nouveaux départe-
ments français de la Hollande. Sous-préfet de l'ar-
rondissement de Melle, de 1814 à 1816, il entre
à la Cour, en 1818, comme conseiller référendaire,
et parvint à la maîtrise en 1833. Pair de France,
de 1845 à 1848, il fut rapporteur de plusieurs
projets de lois de finances. La Cour eut le regret de
le perdre en 1852.

Ainsi que ses ancêtres, notre président, M. le
baron Louis-Maxime Jard-Panvillier avait déjà fait

ses preuves avant d'entrer dans notre Compagnie.

Attaché, en 1839, à la direction de la comptabilité générale du ministère des finances, il fut adjoint à l'inspection des finances en 1845, et subit avec succès, deux ans après, l'examen qui lui assurait cette carrière. Nous avons eu sous les yeux, Messieurs, les notes qui lui furent alors données par ses examinateurs, et nous y avons trouvé le pronostic des éminentes qualités du magistrat distingué que vous avez connu : « Il avait fait preuve, est-il dit, de lucidité, de méthode et de réflexion ; et ses connaissances acquises justifiaient son admission dans un rang de supériorité marquée. »

Il prit place dans notre Compagnie au mois d'avril 1852, en qualité de conseiller de deuxième classe, après treize années de services actifs, et il apporta, dans ces nouvelles fonctions, le zèle et toute l'intelligence qu'il avait déjà déployés dans l'inspection des finances. Bien préparé aux travaux d'investigation qu'exigent nos contrôles, il gagna rapidement les grades supérieurs : conseiller de première classe en 1864, il était décoré de la Légion d'honneur l'année suivante, et devenait conseiller

maître en 1874; enfin il fut élevé à la présidence
de la première Chambre en 1881, en remplacement
du regretté président Berger, son ami.

Sa nomination fut accueillie avec un sentiment
unanime de satisfaction par toute la Cour, où il ne
comptait que des amis. On se félicitait de le voir
occuper, à son tour, la haute situation qu'avait tenue
si dignement son aïeul.

Nous craindrions, Messieurs, en essayant de vous
faire l'éloge si mérité de M. le président Jard-Panvillier, de rester au-dessous de l'opinion que vous
avez conçue des hautes qualités qui ont marqué son
trop court passage à la présidence. Pourrais-je dire
suffisamment avec quelle distinction et avec quelle
sûreté il dirigeait si facilement les débats de sa
Chambre? Aussi les regrets ne furent-ils que plus
vifs, lorsque, volontairement, encore dans la force
de l'âge et la plénitude de ses moyens, malgré les
vives instances de ses collègues et de ses amis, il prit
la résolution de se séparer de nous, ne voulant pas,
par un excès de scrupule, attendre le moment où
sa santé ne lui permettrait plus de remplir conscien-
cieusement les devoirs si lourds de sa charge.

Depuis sa nomination à la présidence, M. Jard-

Panvillier avait été promu au grade d'officier de la
Légion d'honneur, et le titre de président honoraire
lui a été conféré dans sa retraite.

Son fils, qui continue de porter parmi nous ce
nom si honoré, saura suivre les exemples de ses
pères.

M. le conseiller maître David a été admis à faire
valoir ses droits à la retraite le 28 novembre 1885,
en exécution de la loi qui fixe la limite d'âge des
magistrats. Cependant, l'activité avec laquelle il a
rempli, jusqu'au terme légal, ses laborieuses fonctions ne pouvait laisser supposer que cette loi inexo-
rable lui fût déjà applicable.

Licencié en droit, il se présenta, en 1834, aux
examens de l'École des chartes, et obtint le diplôme
d'archiviste-paléographe. M. David ne semblait donc
pas tout d'abord se destiner à la carrière de la
magistrature. Mais ses titres divers justifièrent sa
nomination de conseiller référendaire de deuxième
classe, le 10 mai 1838. Il se voua avec ardeur et
assiduité à ses nouveaux travaux; et, malgré son
extrême modestie, on sut apprécier comme ils le
méritaient ses éminents services, tant à la Cour que

dans les diverses commissions où il avait été chargé
de la représenter.

La croix de chevalier de la Légion d'honneur lui
fut accordée comme première récompense; puis il
obtint, en 1858, la première classe de son grade,
et six ans plus tard il était élevé à la maîtrise;
enfin, en 1866, il fut promu officier de la Légion
d'honneur.

Dans sa nouvelle position de conseiller maître, il
eut encore à faire preuve de zèle et d'activité. De-
venu doyen de la troisième Chambre, il fut chargé
de la présider en 1874, pendant la vacance du siège
qu'occupait M. Grandet, et où devait être appelé
M. le président Roy. Cet intérim dura huit mois,
pendant lesquels M. David supporta avec dévoue-
ment la surcharge et la responsabilité des travaux
qui lui incombaient, acquérant ainsi de nouveaux
titres à l'estime et à la reconnaissance de tous ses
collègues.

D'un caractère éminemment affable et bienveil-
lant, il avait conquis parmi nous toutes les sympa-
thies. Sa profonde érudition, son goût éclairé pour
les arts, dont il s'occupait pendant ses loisirs, donnaient un charme particulier à ses relations, qui,

heureusement, ne sont pas rompues pour toujours, car M. David, en quittant la Cour, dont il emporte les regrets unanimes, conserve le titre de conseiller maître honoraire.

M. l'Escalopier, doyen des conseillers référendaires de première classe, qui, hier encore, remplissait parmi nous, avec zèle et distinction, ses fonctions de magistrat, a demandé sa mise à la retraite, bien que ses forces et sa santé ne l'obligeassent pas à cesser ses travaux avant l'heure fixée. Il avait bien gagné, du reste, le repos qu'il désirait, par un labeur de quarante-deux ans dans notre Compagnie. Ses bons services lui ont valu le titre de conseiller honoraire.

Admis à la Cour des comptes dès 1844, en qualité de candidat à l'aspirance, il devint aspirant l'année suivante. En 1852, M. le Premier Président Barthe l'attachait à son secrétariat, et, le 5 janvier 1854, il était nommé conseiller référendaire de deuxième classe.

Il se consacra exclusivement à nos travaux et se fit remarquer par son application et sa ponctualité dans l'accomplissement de ses devoirs. Décoré en

1868, il a été promu à la première classe de son grade le 31 janvier 1872.

Magistrat intègre et scrupuleux, il entretenait avec ses collègues les meilleurs rapports, empreints de dignité et de droiture. Leurs regrets l'accompagnent dans sa retraite.

M. Colleau a voulu prendre aussi trop prématurément sa retraite. Cette décision nous a surpris et affligés ; mais son nom, qui n'a cessé de figurer dans nos annuaires depuis la création de la Cour, n'en disparaîtra pas encore : car la dignité de conseiller référendaire honoraire a été justement conférée à notre regretté collègue en récompense de sa longue et excellente carrière.

M. Colleau était le digne représentant, parmi nous, d'une honorable famille de magistrats de la Cour. Son grand-père, vérificateur, puis contrôleur au Bureau de la comptabilité nationale, se trouva tout désigné pour remplir les fonctions de conseiller référendaire de deuxième classe, auxquelles il fut appelé des premiers lors de l'organisation de la Cour, en 1807. A sa mort, il était conseiller de première classe.

Son fils, le père de notre collègue, entra à son tour dans notre Compagnie en 1828, et il appartenait depuis longtemps à la première classe de son grade, lorsque, en 1861, il voulut prendre une retraite anticipée pour se consacrer exclusivement à des œuvres de bienfaisance et à l'administration de sa commune. Ceux d'entre vous, Messieurs, qui l'ont connu ont conservé de lui le meilleur souvenir.

Notre collègue, M. Colleau, avait fait son apprentissage de magistrat d'abord à l'école de son père et de son aïeul, puis dans l'administration centrale des finances, où il était entré en 1844. Il y acquit successivement différents grades, et il était commis principal à la direction de la comptabilité générale depuis trois ans déjà, quand, le 28 avril 1861, après seize ans de services administratifs, il fut nommé conseiller référendaire de deuxième classe.

Sa connaissance parfaite de la comptabilité, son esprit judicieux, son aptitude à notre travail de vérification et de contrôle avaient marqué grandement sa place dans notre Compagnie et lui valurent, en 1875, la croix de la Légion d'honneur. En 1881, il fut nommé à la première classe.

Pendant la guerre, M. Colleau se trouvant dans l'impossibilité de regagner son poste avant l'investissement de la capitale, se mit à la disposition de la délégation du Gouvernement de la défense nationale. C'est ainsi qu'il fut chargé de présider, soit à Tours, soit à Bordeaux, diverses commissions de répartition d'impôts ou de vérification de marchés.

Sa promotion récente au grade d'officier de la Légion d'honneur a été la juste récompense de ses quarante années de services administratifs ou judiciaires.

Son caractère franc et loyal, ses relations cordiales lui ont créé parmi nous de sérieuses amitiés, que les liens qui le rattachent encore à notre Compagnie sauront toujours entretenir.

Nous avons maintenant, Messieurs, la triste obligation de vous dire quelques mots d'un de nos jeunes collègues, M. Moret, qui, mis dans l'impossibilité de remplir désormais ses fonctions, par suite d'une cruelle maladie, à dû être admis à la retraite bien avant l'âge.

Il n'appartenait à la Cour que depuis peu d'années. Licencié en droit, il avait été nommé conseil-

1er·référendaire de deuxième classe à la fin de 1878. Ses qualités personnelles et le souvenir d'un de nos anciens présidents, auquel le rattachaient les liens d'une proche alliance, nous ont fait éprouver un vif chagrin d'une séparation aussi prématurée.

Les membres en exercice que la mort nous a enlevés cette année sont MM. de la Chaussée, Lempereur de Guerny et Haincque de Saint-Senoch.

M. de la Chaussée est décédé subitement le 1er juin dernier, à l'âge de soixante et un ans. Candidat à l'aspirance dès le mois de juillet 1850, aspirant en 1853, il fit partie du premier concours pour l'auditorat et fut au nombre des premiers auditeurs de 1857. Le 14 février 1861, il devenait conseiller référendaire de deuxième classe. La croix de chevalier de la Légion d'honneur, qui lui fut accordée en 1879, vint lui faire prendre patience dans le long stage qu'il eut à subir avant d'être promu à la première classe de son grade, au mois de juillet 1880, trente ans après son entrée effective à la Cour.

La grâce et la parfaite distinction de ses manières sont restées présentes à votre mémoire.

M. de la Chaussée avait pour notre Compagnie un
profond attachement, et se plaisait à saisir toutes
les occasions de se rapprocher de ses collègues.
Frappé de bonne heure dans ses affections les plus
chères, il avait retrouvé un intérieur heureux, où
il venait chercher le repos après des journées con-
sacrées à des travaux souvent ingrats et difficiles,
qu'il accomplissait avec un soin minutieux, en magistrat qui a conscience de ses devoirs. Aussi a-t-il
emporté les profonds regrets du corps à la dignité
duquel il a toujours su contribuer.

Le 28 mai dernier, nous avions à déplorer une
perte non moins imprévue, celle de M. de Guerny.
A peine âgé de cinquante et un ans, il nous a été
enlevé après quelques jours de maladie.

Vous vous le rappelez venant chaque jour, dans
la salle commune réservée à vos travaux, accomplir
laborieusement sa tâche. C'est en vain qu'aujour-
d'hui nous cherchons à retrouver, à cette place res-
tée vide, l'aimable physionomie de ce collègue toujours avenant et prêt à rendre service.

M. de Guerny, après cinq ans de stage dans l'administration des douanes, avait eu le rare bonheur

d'arriver très jeune à la Cour des comptes. Quand, au mois de janvier 1862, il fut nommé conseiller référendaire de deuxième classe, il n'avait que vingt-sept ans. Il se livra à une étude consciencieuse de nos règlements et de notre jurisprudence, s'efforçant de remplir avec honneur les devoirs de sa charge.

Il était parvenu depuis quatre ans à la première classe de son grade, quand la mort l'a frappé. Son père, qui l'avait précédé dans notre Compagnie, lui avait tracé la voie à suivre. Avec notre collègue disparaît donc de nos annuaires un nom qui y figurait honorablement depuis soixante ans.

L'année qui vient de s'écouler avait commencé sous de tristes auspices. Vous vous en souvenez, Messieurs, la première nouvelle qui se répandit à la Cour, le 3 novembre dernier, jour de notre rentrée, fut celle de la mort de M. Haincque de Saint-Senoch, enlevé subitement, le matin même, au milieu des siens, au moment où il se disposait à se réunir à nous dans cette enceinte. Aucun de nous ne pouvait croire à ce malheur si imprévu. Mais le doute ne fut plus permis, quand M. le Premier Président, en termes émus, nous en fit part au début de la séance.

M. Haincque de Saint-Senoch était entré à la
Cour des comptes au mois de novembre 1850, en
qualité de candidat à l'aspirance. Aspirant en 1853,
il subit avec succès le concours pour l'auditorat et
fit partie de la première promotion de 1857. Cinq
ans après, à l'audience de rentrée du 3 novembre
1862, il était reçu en qualité de conseiller référendaire de deuxième classe. Il s'en est fallu de peu
que l'audience de rentrée de 1885 n'ait eu à enre-
gistrer, à son tour, au lieu de sa mort, sa promotion au grade supérieur; car il était le doyen de sa
classe et sa place était marquée de droit dans le
premier mouvement qui suivit de quelques jours
seulement son décès.

Cette promotion était alors l'objet ardent et légitime de tous ses désirs. Il avait obtenu en 1881 la
croix de chevalier de la Légion d'honneur, que lui
avaient méritée ses consciencieux services.

D'un caractère ouvert et accueillant, il se plaisait
à s'entourer de ses collègues, et il comptait parmi
nous un grand nombre d'amis. D'un commun sentiment, la Cour a joint ses regrets les plus sincères à
ceux de sa veuve et de ses enfants.

Il nous reste encore à adresser, Messieurs, un suprême adieu à cinq de nos anciens collègues, qui depuis plusieurs années déjà avaient pris rang dans l'honorariat et que la mort est venue frapper dans le cours de cette année.

Lorsque, pour des causes diverses, ces honorables magistrats ont résigné leurs fonctions, la Cour a déjà témoigné publiquement des regrets que lui causaient ces retraites. Les services rendus et les récompenses dont ils ont été suivis ont été rappelés à cette époque. Nous ne pouvons donc aujourd'hui que renouveler sommairement ici l'expression des souvenirs d'estime et d'affection qu'éveillent ces pertes récentes.

M. le conseiller maître Lavollée, décédé le 12 avril dernier dans sa quatre-vingt-onzième année, était entré à la Cour au mois de janvier 1852, et avait été admis à faire valoir ses droits à la retraite le 9 mai 1870. Il comptait déjà de longs et honorables services avant de faire partie de notre Compagnie, à laquelle il apporta le tribut d'une expérience acquise dans les hautes situations qu'il avait précédemment occupées. Il avait appartenu successivement, en effet, depuis 1815, à l'administration des douanes, à l'inspection des finances, à l'administration des postes; enfin, il avait été directeur du commerce extérieur. M. Lavollée était officier de la Légion d'honneur et décoré de plusieurs ordres étrangers. Lorsqu'il prit sa retraite, en 1870, il comptait cinquante-cinq années de services. Peu d'existence ont été mieux remplies.

Contrairement à la carrière de M. Lavollée, dont la plus grande partie s'était accomplie avant son entrée à la Cour, celle de M. le conseiller maître Gauthier de Lizoles s'est effectuée entièrement à la Cour même, où il a siégé exactement pendant un demi-siècle. Nommé conseiller référendaire le 10 juillet 1822, à l'âge de vingt-cinq ans, il a été admis à la retraite le 11 juillet 1872. Il était alors doyen de la troisième Chambre et commandeur de la Légion d'honneur.

Entouré de l'estime générale, il était profondément dévoué aux intérêts de notre Compagnie; et, par sa vive intelligence et son amour du travail, il s'y était fait une place distinguée. Son activité était surprenante encore dans sa verte vieillesse, qui s'est prolongée quatorze ans après qu'il eut été atteint par la limite d'âge. Il est mort le 22 février dernier, à l'âge de quatre-vingt-neuf ans, avec la conscience d'avoir accompli tous ses devoirs et en emportant les nouveaux regrets du corps qu'il a si longtemps honoré.

C'est également à la Cour des comptes que M. le conseiller maître Arnault a accompli toute sa carrière. Fils du célèbre académicien, il fut nommé conseiller référendaire à l'âge de vingt-sept ans, le 13 mars 1831. Élevé à la maîtrise en 1863 et promu officier de la Légion d'honneur en 1865, M. Arnault se retira de son plein gré, le 19 novembre 1877. Il était alors le doyen des conseillers maîtres et comptait quarante-six ans de services. Il emporta dans la retraite les témoignages unanimes d'estime et de considération de tous ses collègues. Il s'est éteint le 18 décembre 1885, à l'âge de quatre-vingt-deux ans, après une longue et cruelle maladie.

Nous avons encore à regretter la perte de M. de Saint-Paul Laroche, mort le 14 janvier dernier, dans sa soixantième année, et que l'état chancelant de sa santé avait obligé de s'éloigner de la Cour il y a une dizaine d'années. Il y était entré en qualité de conseiller de deuxième classe, le 17 avril 1852, après un stage de six ans au ministère des finances, et avait été promu à la première classe le 19 novembre 1877. Deux ans auparavant ses bons services lui avaient valu la croix de la Légion d'honneur. Son caractère aimable et doux lui avait concilié parmi nous de sincères amitiés, et nous avons ressenti vivement sa perte.

Enfin, Messieurs, nous devons clore cette longue liste de nos deuils par M. le baron Gauthier d'Hauteserve. Entré à la Cour en 1855, comme conseiller référendaire de deuxième classe, il avait été élevé à la première classe en 1873. Sentant que ses forces ne lui permettaient plus de remplir ses fonctions, il demanda à être admis à la retraite en 1881, après vingt-six ans de bons et honorables services, qui furent récompensés par la croix de la Légion d'honneur. Il s'est éteint le 11 février dernier; il n'avait que cinquante-neuf ans.

Après le discours de M. l'Avocat général, M. le

Premier Président ordonne, au nom de la Cour, que l'état des travaux des mois de juillet, août, septembre et octobre 1886 sera transmis au Garde des sceaux, Ministre de la justice, pour être par lui porté à la connaissance du Président de la République.

La séance est ensuite levée.

www.ingramcontent.com/pod-product-compliance
Lightning Source LLC
Chambersburg PA
CBHW050551210326
41520CB00012B/2802